Made in the USA
Middletown, DE
05 July 2025

10141150R00086